어두운 밤 산마루 걸터앉은 달빛

권영훈 시집

어두운 밤 산마루 걸터앉은 달빛

초판 1쇄 발행 2021년 8월 9일

지은이 권영훈
펴낸이 장길수
펴낸곳 지식과감성#
출판등록 제2012-000081호

교정 오현석
디자인 이은지
편집 이은지
검수 백승은, 이현
마케팅 고은빛, 정연우

주소 서울시 금천구 벚꽃로298 대륭포스트타워6차 1212호
전화 070-4651-3730~4
팩스 070-4325-7006
이메일 ksbookup@naver.com
홈페이지 www.knsbookup.com

ISBN 979-11-392-0017-1(03810)
값 12,000원

- 이 책의 판권은 지은이와 지식과감성#에 있습니다.
- 이 책 내용의 전부 또는 일부를 재사용하려면 반드시 양측의 서면 동의를 받아야 합니다.
- 잘못된 책은 구입하신 곳에서 바꾸어 드립니다.

지식과감성#
홈페이지 바로가기

어두운 밤 산마루 걸터앉은 달빛

권영훈 시집

차례

시집을 내면서	7	내 마음의 주인	22
		늪에 서서	23
5월 1	9	달빛 깊은 곳	24
5월 2	10	뚱보 아줌마 1	25
가을 빛방울	11	뚱보 아줌마 2	26
고향 1	12	만추의 해풍 1	27
고향 2	13	만추의 해풍 2	28
공허의 세월	14	만추	29
그대의 발자국	15	샘물 한 방울	30
길을 묻다	16	모성	31
깊고 푸른 하늘 1	17	미션	32
깊고 푸른 하늘 2	18	밤에 내리는 눈	33
꿈	19	백조의 영혼	34
꿈은 살아 숨을 쉰다	20	벌거벗은 나무 1	35
낙조	21	벌거벗은 나무 2	36

사랑의 의미 1	37
사랑의 의미 2	38
사랑의 의미 3	39
사랑의 인고	40
오늘을 산다	41
새해 아침	43
생명의 물	44
생명을 키웁니다	45
세월	46
소음	47
송림 속 뻐꾸기	48
숨결	49
숲에 숨어 살고 싶네	50
아들	51
아우	52
아침의 불꽃	53
안개	54
어두운 밤	
산마루 걸터앉은 달빛	55
연인 1	56
연인 2	57
소년의 마음	58
열정	59
영롱한 햇살	60
오월의 아침	61
오월의 이별	62
이별 1	63
이별 2	64
임의 너울	65
입추	67

지금 나는 어디쯤에서 기다리고 있는 걸까	68
짐돌푸강	70
짐돌푸의 시월	71
짐돌푸의 풍경	72
창조 1	73
창조 2	74
창조의 뜻	75
창조의 비밀	76
청춘의 덫	77
탄신 1	78
탄신 2	79
터키 아저씨	80
파도를 타야 한다	81
파란 마음 1	82
파란 마음 2	83
파란 하늘 1	84
파란 하늘 2	85
파랑새	86
푸른 싹	87
피셔 공원 잔디	88
필라델피아 1	89
필라델피아 2	90
필라델피아 3	91
한 방울 물	92
함께 더불어	93
헤엄치는 제비	94
회복	95
흐르는 강물처럼	96

시집을 내면서

    전장의 소용돌이 속에서,
  삶 자체가 버겁던 열네 살, 열두 살 형제가 생업에 뛰어들어야만 겨우 풀칠로 연명을 할 수 있었던 시절, 하나님이 누군지 예수가 무엇을 하는 분인지 이름도 직업도 들어보지 못했던, 신앙이라는 개념조차 모르던 어린 나이에 피란 내려와 처음으로 알게 된 믿음의 세계. 오직 삶이 급했던 어느 날 잠자리에 찾아오신 주님. "용운아." 부르는 음성에 눈을 뜨고 보니 어둠이 짙게 드리운 머리맡에 흰옷에 지팡이를 짚고 서서 기도하라 하시던 말씀. 그래서 시작한 기도의 삶이 어느덧 칠십 년이 흘렀다. 교회와는 거리가 먼 나만의 믿음의 삶을 살면서 틈틈이 일기장에 적어두었던 시구를 모았다. 다듬어지지 못한 원문 그대로 내려니 두려움이 짙게 가슴을 막는다. 1960년부터 일기를 써오면서 기록해두었던 마음이다. 내 삶이 하도 거친 삶의 세월이라 세상에 내어놓을만한 시들이라 할 수 없지만 평생의 삶을 살아오면서 느끼고 체험했던 내용들을 모았다. 1951년 운천 터키부대 근처에 두 형제가 임시로 레이션 상자로 움막을 짓고 살 때 터키부대 취사 선임 중사 털보 아저씨에 대한 그리움, 1998년 카리브해를 끼고 조용히 살아가는 중앙아메리카의 작은 나라 벨리즈.
  끝없이 펼쳐지는 검푸른 바다와 맹그로브숲, 여러 생명의 모습들. 미국 펜실베이니아에 거주하면서 그 속에서 벌어지고 있는 일상

속의 생생한 삶의 모습 등 평소 일기를 쓰면서 메모처럼 적어두었던 시들.

　졸작일지라도 보는 이로 하여금 이러한 인생도 세상에 있었구나 기억해주었으면 하는 바람으로 세상에 내놓았다.

　이번 일을 하면서 아들에게 고마움을 꼭 전하고 싶다. 나와는 다르게 적극적으로 아비의 시들을 시집으로 엮어드리겠다며 소심한 아비를 구슬려 빛을 보게 한 그의 효심에 고마움을 전하고 싶다. 또한 격려와 성원으로 인생의 멘토 역할까지 해주신 홍의준 선배께도 진심으로 감사의 예를 드리고 싶다. 선배가 아니었다면 여기까지 이르지 못했을 것이기 때문이다. 그저 일기장 여기저기에 흩어져 잠자고 있던 오래된 시들을 모을 수 있었기 때문이다. 마음의 문을 열게 해준 선배에게 다시 한번 감사의 마음을 드린다.

2021년 5월 16일

5월 1

아 생각난다
5월의 꿈의 계절
북녘 언덕 넘어
아롱지어 멀어진 영혼
지울 수 없는 상처가 된 5월
방공호 깊은 곳
비는 하염없이 내리는데
단잠을 깨우던 노마
발만 동동 구르며 울부짖던 형제
고아가 되던 순간
지금도 서언하다
그때 그 아픔 상흔의 언덕

5월 2

고향에서 만나자
남기고 가신 그 한마디
고이고이 간직한 지
반세기를 넘어 흐르는 세월
아,
지금도 메아리친다 이 깊은 가슴에
엄마와 걷던 길 걸어보려
터벅터벅 오솔길
잡초만 무성히 반기는데
풀벌레 찌르륵 찌르륵
내 가슴 흔든다

가을 빛방울

멀리멀리 떠나와
뒤를 돌아본다
짙은 빛 바람결에
우수수 낙엽 날리고
사뿐사뿐 내려앉는
머리 위 단풍잎 하나둘
내 마음 붉어 저 발걸음 굳는다

맑게 갠 푸른 하늘
이따금 구름 한 점 흘러
머무는 세월 들녘
짙은 빛방울 부서져
억새 숲에 숨어
사악 사악 잠을 청한다

Virginia에서

고향 1

바람이 붑니다
비가 옵니다
해가 지면 달이 뜹니다
별이 반짝입니다
잎이 무성하면 여름이 깊어집니다
웃고 울고 다투며 화해하다 보면
낟알은 익습니다
정이 있습니다
삭풍에 잎 날립니다
하얀 눈이 내립니다
세월입니다
천지는 변하여도 흐르는 물
한 생명에 발원되어
샘이 되고 시내를 이루면
넓고 깊고 푸른 가슴
생명을 낳고 기르는 바다입니다
우리들의 고향입니다

고향 2

해를 따라 저 멀리 서쪽 끝
강을 건너고 산을 넘으면
고기가 뛰놀고 배가 춤을 추는
하늘과 물이 하나 되어 검푸른 호수
거기 잠시 쉬었다 뭍에 오르면
내 영혼 짙게 물든 고향이랍니다

공허의 세월

파아란 이끼 씻어놓으면
거기에도 송이송이 뿌려지는
백설이 화폭을 이루겠지
아무리 푸르른 꿈 간직한
청춘의 밀월일지라도
언젠간 거기에도 이끼 낄 것을
그리하여
차디찬 공허의 세월이
유전되리라

그대의 발자국

메밀꽃 피던 언덕
뛰놀던 어릿광대여
그대 발자국 밟으며
평화를 창조했었지

영원의 힘찬 송가 부르며
춤을 추던 나래 밑에서
꿈을 쌓던 시절은
어느덧 붉게 타오르는
석양의 파도에 말리어
익어가는 낟알을 감싸 쥔다네

길을 묻다

이름 모를 거리에 서서
흑인에게 물었습니다
백인에게 물었습니다
어쩌다 동족인가 닮은 사람 만나면
가슴 하나 반가움 가득 차는데
모른 체 비웃는 그 앞에 서서
용암처럼 솟는 아픔 쓸어내리지만
서투른 말 고맙습니다
흑인에게도 백인에게도
할 말 잊고 머리 숙여 용서 빕니다

깊고 푸른 하늘 1

하늘처럼 살다 가라 한다
높고 푸른 하늘
하늘은 언제나 파랗다
이따금 구름 한 점 내 앞을 가리지만
저만치 밀려가는 구름
맑고 영롱한 호수처럼
때로는 애수의 애절한 향기가
쏟아지는 뜨거움
가슴 하나 담기는
연정의 불꽃으로 부르고 있다
맑디맑은 하늘
맑다 못해 끝없이 펼쳐진 무아의 영혼
금방이라도 묻혀버릴 것만 같은
두려움으로 두근거리는 가슴을 안고
나는 지금 떨고 있다

깊고 푸른 하늘 2

하늘처럼 태어나서

하늘처럼 살다가

저 하늘 깊은 곳에 묻혀야 할 인생

지금 나는 어디 즈음에 머물고 있는 걸까

모두가 한 번쯤 저 푸른빛에

비추어 보아야 할 삶

하늘은 언제나 어느 때고

내 곁에 다가와 속삭인다

근심 걱정 무거운 짐

저 하늘 깊은 곳에 풀어놓고

하늘처럼 살다가

하늘처럼 가라 한다

꿈

꿈에 살고 싶다
힘차게 뿌려놓은
밤하늘 별빛처럼
젊은 시절 짙게 물들었던
이제는 잊자 잊자 다짐하지만
그럴수록 돋아나는 추억의 꿈
하늘처럼 별빛 가득히 담고서는
미련인가 추억인가 인생은
흐르는 한 방울 물이 되어
또 하나
차디찬 빛방울 간직하고
꿈속에 깊이깊이 살고 싶다

꿈은 살아 숨을 쉰다

꿈은 자라 가지를 치고
세상을 한 아름 품을 듯
잎새는 무성하게 드리웠는데
나비가 날지 않고
새가 둥지를 틀지 않는
노을빛 영그는
들녘 빛에 그을려
가슴만 애타게 뜯다가
여기 하나 하루방이 되어
뒤돌아볼 수 없는 아픔만이
돋아나는 영혼
밉다 밉다 가슴 치지만
꿈은 살아 숨을 쉽니다

낙조

한 많은 인생살이가
한 개인의 조롱인 양
억압당한 심산을 삼키면서
마음은 한없이 분노를 삼킨다
육십 평생 산다 할지라도
쓰디쓴 씀바귀처럼
씹다가 찡그리는 인생의
일그러진 습성이 되어
고달픈 삶은 오늘도
쉴 새 없는 연자방아
맴도는 소가 되어
자유에 애절한 그리움이
사르르 사르르 녹아
심천의 유수가 된다 할지라도
견딜 수 없는 현실이면서
견디려는 인내가
어쩌면
낙조의 인생을 사는 모습일까

내 마음의 주인

화산인 것 같은 소용돌이가
이제는 가고 없는
내 마음의 주인이여
평생의 소원 이뤄 눈을 감는 날
임의 품에 단꿈 꾸던
옛집 대문 앞에 앉아
임 맞으리
평생 참았던 이름
엄마하고 불러보리
잃어버린 오월 푸른 계절
희망의 계절 찾으리
엄마 품에 안기어서

늪에 서서

가로등 철주에 목 매인 양
휘황이던 강도
하나둘 꺼져가고
호면의 섬광에
내 얼굴 보이고 서서
끝없는 늪을 더듬는다

세상은 잠에 들어 고요한데
어느덧 매듭진 참회의 뜨거움이
잔잔한 수면에 파도가 일 때면
골고다의 쓰디쓴 아픔을
삭이려는 임의 애절함이
사르르 사르르 녹아
심천의 유수가 된다

달빛 깊은 곳

깜깜한 밤 산마루에 걸터앉은 달빛
붉게 솟아 싸늘한 한기가
내 영혼 깊은 곳 걸터앉고
뻐꾸기는 임 그리워
낙엽 사이 질퍽이는 가슴
헤집고 앉아 뻐꾹뻐꾹
그립다 그립다고 불러보지만
애달프다 내 영혼 달빛에 물든다

뚱보 아줌마 1

뚱보 아줌마 뒤뚱뒤뚱
걷기도 숨이 차 시익 시익
한 발짝 내딛기가 십 리 길 백 리 길
매달린 손가방이
떨어질라 대롱대롱
이리 흔들 저리 흔들 현기증 이는데
그것마저 무겁다 짐이 되어
임인 양 끌어안은 전봇대
애처롭기만 한데
십 보도 걷지 못해 뒤만 돌아보며
가야 할 길 아득해 한숨짓는다

뚱보 아줌마 2

다리는 한일자 크게 벌리고
그것도 모자라
허벅지는 비비적비비적
늘어진 피부를 비벼대지만
목까지 차오른 가파른 숨소리
행여나 잘못될까 보는 이 걱정인데
뚱보 아줌마는 그래도
우로 갔다 좌로 갔다
온몸으로 한 발짝 힘들기도 하여라

만추의 해풍 1

바람이 붑니다
만추의 해풍에 밀리어
하광에 그을린 내 팔뚝에 잠든다
어느덧 계절은
또 한 계절을 부풀게 하고
한산한 들녘 바람에 씻기는
쓸쓸한 심산인 것을
발걸음 잠시 머물러
식어가는 대지를 바라본다

만추의 해풍 2

뜨겁고 차가웠던 공기는
어머님 품에 젖 물고 잠들던
뼈와 살을 키웠고
흐르는 세월 속에
육신을 시들게 하는
계절풍인 것을
언제 끝날지 모를 들녘에 서서
식어가는 얼굴을 감싸 쥔다네

만추

멀리멀리 떠나와
뒤를 돌아본다
짙은 빛 바람결에
우수수 낙엽 날리고
사뿐사뿐 내려앉고
머리 위 단풍잎 하나
내 마음 붉어져 발걸음 멈춘다

맑고 영롱한 푸른 하늘
이따금 구름 한 점 흘러
머무는 세월 들녘
짙은 빛방울 부서져
억새 숲에 숨어
사악 사악 잠에 든다

샘물 한 방울

물방울 하나 떨어져
샘을 이루면
생명의 씨앗 아롱지게 하고
샘물 모여 시내를 이루면
생명의 편안한 보금자리 되어
사랑 꽃향기 되게 합니다

시냇물 흘러 강을 이루면
생명이 뛰노는 천국이라오
강물 흘러 모여들면
넓고 깊은 호수 되어
생명에게 사랑을 주고 가는
샘물 한 방울 희생이랍니다

모성

나는 보았다
거기에 숨어있는 진리
그리고
무서울 만큼 두근거리는 깊음
금방이라도 넘쳐
쓰러질 것 같으면서도
언제나 그렇게 숨을 쉬듯
인자한 어머니의 숨결
그러면서도
감싸 안는 모성을

Belize의 카리브 해변에서

미션

주님의 사랑 나에게 머물러
그 사랑 나도 나누어줄 수 있다
사랑으로 사람과 만물을 바라보니
아름다움이 넘쳐흐르고
오늘 내가 있어
사랑이 내게 머물 수 있음은
영원자이신 주님
내 곁에 계심을
세상을 위하여 이 지팡이 높이 쳐들고
영원한 사랑의 빛 밝게 비추리라
담벼락에 가호로 빛의 선이 그어지고
새 아침의 찬란한 영광을 위하여
삼경에 해산의 고통을 간직한다

밤에 내리는 눈

하얀 눈이 내리고 있다
나뭇가지에 걸린 바람도
보드라운 이불을 덮고
고이고이 잠들고 있다
내 팔에서 잠드는 너
눈은 밤에 내린다
저 골목에도 쌓이고
눈에 묻혀 싸늘한 어둠 속에서
네 두 손이 내 몸을 감싸고 속삭였다
아주 따뜻한 속삭임으로

백조의 영혼

토닥토닥 대지를 때리던 물방울
멎었다
거짓말 같은 날씨
기상 캐스터의 얼굴만 붉게 하고
사십 년 찌든 가슴 열고
오월의 푸른 동심의 꿈에
동화되고파 몸부림친다

푸른 계절 잊으려 해도
돋아 피어나는 꿈
지울 수 없는 전흔의 상처
아롱지어 멀어져 간 백조의 영혼
그것이 나에게 남겨진
오월의 마지막 꿈인 것을

벌거벗은 나무 1

벌거벗은 나무는 아름답다
저 옛날 시조가 태어날 때처럼
앙상한 뼈대 위에
살을 붙이고 생기를 불어넣어
생명과 선과 악의 나무라
이름 붙여진
벗고 있어도 부끄럽지 않던
태초의 초상이기에
벌거벗은 나무는 아름답다

벌거벗은 나무 2

벌거벗은 나무는 아름답다
저 옛날 창세기에
벗고 있어도 부끄럽지 않던
아담과 하와처럼
지금은 앙증스러운 모습일지라도
미래에 아름다운 옷을 입고
꽃을 피우고 열매를 맺을
꿈을 간직한 생명이기에
벌거벗은 나무는 아름답다

사랑의 의미 1

사랑이란 아름다운 말입니다
사랑이란 말속에는
생명의 뿌리와
자유라고 하는 자존심과
평화라고 하는 화합 속에서
같이 웃고 같이 울 수 있는
더불어 위하며 사는
삶의 뿌리가 있기 때문입니다
그래서 사랑은 삶의
희망의 근본인 것입니다

사랑의 의미 2

사랑이란 아름다운 말입니다
사랑이란 말의 뜻 속에는
책임을 지라는 명령도
있음을 알아야 합니다
책임을 질 줄 모르는 사랑은
사랑을 흉내 내는 방종일 뿐
뜻도 모르는 불장난일 뿐입니다
그러한 사랑은 시련의 아픔이 기다리고
있다는 것을 깨달아야 합니다
사랑엔 책임이라는 의무가 있기에
아름답고 고귀하고
축복의 열매를 맺을 수 있는 것입니다
책임질 줄 모르는 사랑은
기쁨도 평화도 없는
후회와 아픔만 있을 뿐입니다

사랑의 의미 3

사랑이란 아름다운 말입니다
사랑이란 말속에는
개성도 있어야 합니다
참고 견디는 노력도 있어야 하고
용서하고 기다리는 인내도 있어야 합니다
사랑이란 말속에는
사랑을 지킬 줄 아는 용기도 있어야 하고
사랑이 무엇인지 깨닫는 아픔도 있어야 하고
사랑을 키울 줄 아는 지혜도 있어야 합니다
사랑이라는 말은 함부로
입에 오르내리는 단어가 아닌
사람이 살아가는 데에 필요한
절대 가치의 영혼의 양식이기 때문입니다
책임을 질 줄 아는 의무 속에서
사랑을 나눌 수 있는 용기야말로
삶의 진리가 이루어질 수 있기 때문입니다

사랑의 인고

사랑은 무엇일까요
쓸쓸하고 외로움 그런 거라던가요
꽃 속에 열매를 품어야 하듯
비바람이 불어 온몸이 갈기갈기
찢기는 계절이 온다 해도
찌는 듯 태우는 열기 견디면서
힘들고 고통의 뼈를 녹일지라도
인고의 상처를 견디어야 한대요
그래야 사랑이 무엇인지 알 수 있다나요

오늘을 산다

오늘을 산다
무엇에 쫓기는 양 가슴이 답답하다
흐르는 시간 속에서도
암담한 마음이
하루의 심연을 녹인다
끝없이 달아오르는 열기 속에서
해이해지는 마음을 빼앗길 것만 같은
허탈감이 가슴을 방망이질한다
도마 위에 올려놓은 생선처럼
눈동자는 허공을 맴돌고
생활의 순간에 밀려드는 불안과 공포가
대추나무 털 듯 흔들어 놓는
떨어지지 않으려는 모습일까
영혼을 굴복시키려는 손길
이겨내려 힘겨운 하루를 산다
이제는 모든 것이 귀찮은 습성이 되어
내일의 생명을 바라보며
그들만을 가슴에 안고 살려 한다
뛰어도 뛰어도 부딪치는 것은 돌부리일 뿐

때로는 한 많은 삶 자체가 싫어져서
영원히 눈 감기를 바라는 심산이 되어
허무의 가슴은 방망이질한다
자라나는 미래의 들에 치여
영혼의 아픔이 숨을 쉰다 할지라도
자신을 빼앗기지 않으려는 몸부림으로
생의 속에 열정을 심으려 몸부림친다
그것만이 나를 지킬 수 있는 의무이며
운명인 것을 그리하여
생을 다시 불태울 첩경이라 다짐하며
주님께 간구하는 습성으로 오늘을 산다

새해 아침

동쪽 저 멀리 깊은 곳 붉게 솟아
피어오르는 새해 아침
동창을 활짝 열고 밀려드는
새해 아침 공기를 마셔요
우리가 소망했던 무성히 드리워진
그 그늘에 쉬었다 가자 했던 꿈
자식들의 건강과 번영의 삶과
모든 소망이 이루어지기를
하나님과 예수님과 그리고
우리를 낳아 길러주시고 품어 안아주신
우리의 조상님께 간절한 소원의 기도를 드려요

생명의 물

샘물이 되고 싶습니다
깊은 곳 바위 틈새 솟아 흐르는
맑고 영롱한 한 방울 물처럼
모여 모여 샘물 흐르고
강을 이뤄
수많은 생명의 보금자리 되어
생명을 낳고 품는
어머니의 깊은 가슴처럼
생명의 물이 되고 싶습니다
숲에도 생명에도
오염되지 않은
햇볕에 영롱한 한 방울
샘물이 되고 싶습니다

생명을 키웁니다

하늘입니다
땅입니다
집입니다
해가 있고 달이 있습니다
해가 지면 달이 뜹니다
아침이 되면 생명이 율동을 합니다
달이 뜨면 꿈도 꾸고
생육도 하며 별도 봅니다
구름은 바람 부는 대로
밀려왔다 밀려가고
바람 불어 비가 그치면
초목은 싱그러워 춤을 추고
방울방울 모인 물은
시내를 이루어 생명을 키웁니다

세월

사랑하는 임이여
시리도록 아픈 가슴 한 아름
소망을 안고 시작한 사이
심야의 종소리가
가슴을 에게 합니다
시리도록 아픈 소망의 삶이었기에
긴긴 세월 고이고이 가슴에
담은 지 어언 황혼
이제는 돌이킬 수 없는 추억인 양
가버린 여정
할딱이다가 할딱이다가
꺼질 것만 같았던 생명
송이송이 뿌려놓은 씨앗들이
어느 사이 무성한 나래 드리우고
그 그늘에서 쉬었다 가라고 합니다

소음

사람의 소리 소리
승용차 버스 트럭의 소리
창자까지 들썩들썩
귀청이 터질 것만 같은 시끄러움
빈민가의 하룻낮이랍니다

도로건 공공장소건 차 안이건
남이 있든 없든
떠들고 소리 지르고 법석대고
그 인종은 질서도 예절도 모르는지
타민족이 싫어하는 줄도 모르고

애꿎은 스피커의 볼륨은
왜 그리 크게 틀어놓는지
창문이 드르렁드르렁
창자까지 들썩들썩
무섭다 웅크리고 떨고 있다

필라델피아 5가의 하루

송림 속 뻐꾸기

푸른 입하 땀 기운 솟는다
팔락이는 가로수 잎새
춤을 추고
철새처럼 푸른 하늘
심원을 부채질한다

숲에는 풀벌레 집을 짓고
들에는 아지랑이 춤을 추는데
송림 속 뻐꾸기는
그렇게도 애절히
누구를 기다리는가

숨결

짙은 녹색 물감 풀어놓은
카리브해 맹그로브 깊은 숲
찰랑거리는 파도와 어우러져
춤을 추는 녹색 물결 넘어
아침 햇살 부서져 반짝이는 빛방울은
금강석을 부숴 풀어놓은 보석처럼
아침의 영혼들이 뛰노는 숨결

파란 물감 풀어놓은 깊은 하늘
하나 가득히 담긴
금방이라도 넘쳐 쏟아질 것만 같은
두근거림의 숨결
이따금 한 점 깊이 담긴 구름 한 조각
나도 첨벙 뛰어들고픈 유혹이
분수처럼 솟아 피어나는 영혼의 숨결…

숲에 숨어 살고 싶네

꽃이 피네 꽃이 피네
산과 들에 꽃이 피네
꽃이 좋아 꽃처럼
산과 들에 살고 싶네
초가삼간 집을 짓고
들짐승 뛰놀고
산새들 노래하는
임의 손 꼬옥 잡고
꽃에 묻혀 꽃처럼
하세월 살고 싶네

아들

아들은 나의 끈이라 했던가
영원으로 이어주는 끈
거기에서 생명이 이어지고
땀과 눈물과 사랑의 피가 하나 되어
피어나는 또 다른 나의 형상
네가 있기에 나의 삶에 뜻이 있고
흐르는 강물처럼 흐르는 세월 속에
나의 형상을 생육하는 너
너를 위해 비워주고
부지런히 떠나야 할 길
재촉하지만
그래도 너희들은
나의 안위를 묻는구나

아우

멀리멀리 아주 멀리
수만 리 밖 자네 곁이 그립더니
지금은 발치에 앉았는데
잊으려 하면 되새기는
긴긴 세월 잊자 하면서도
가슴 깊이 꽃이 되어
피어 남은
무슨 뜻일까

아침의 불꽃

동해 바다 이른 아침
수평선 멀리멀리
붉게 솟아 피어오르는 광란
입을 크게 벌리고 서서
솟아오르는 광란 흐트러지기 전
하나 가득 입속에 밀어 넣노라면
태양의 힘찬 불꽃은
한입 가득히 미끄러져 넘어갑니다
육체에 깊이깊이 담긴 불꽃
조금씩 조금씩 피어올라
이글거리는 힘찬 생명의 열기가 되어
육체 속에 더러운 찌꺼기 하나둘
태워 없앨 겁니다
남을 속이려는 사악한 미소와
이웃을 얕잡는 교만과
남의 것을 탐하는 부정한 욕심과
이웃이 잘 되는 것을 싫어하는 시기와 질투
그 무엇에도 비할 수 없는 더러운
냄새나는 찌꺼기들을 말입니다

안개

높고 깊은 산속
우거진 숲에 묻혀
가려진 웅비의 바위틈에서
한 방울 솟아 샘이 되어
세월이 시작되던 곳
한 줄기 햇빛에
영롱한 진주 뿌려놓은
샘 방울 모여 나이가 되고
부대끼며 찢기는 여정
샘 방울 조잘조잘
그립다 그립다고
울부짖다 쓰러져 잠이 들면
탁류에 비틀거리는
물보라 안개인 것을

어두운 밤 산마루 걸터앉은 달빛

붉게 솟아 싸늘한 한기만
내 영혼 깊은 곳에 걸터앉고
뻐꾸기는 임 그리워
헤집고 앉아 뻐꾹뻐꾹
그립다 그립다고 불러보지만
애달픈 내 영혼 달빛에 물든다

별빛 쏟아지는 캄캄한 밤
싸늘한 한기 짙게 물들고
깊은 공간에 담긴 영혼
그리다 검게 타버린 가슴
깊은 숲 찌르레기 찌륵찌륵
찬 공기에 안개 이슬 짙게 물드는데
내 영혼은 별빛 깊은 곳에서 잠을 청한다

연인 1

좋아할 줄도 모릅니다
사랑할 줄도 모릅니다
다만
함께 커피도 마시며 이야기도 하고
언제나 언제까지나 동무 같은 진실
나누고 싶습니다
이와 같은 마음이 좋아하는 것이라 한다면
내 생명 다하는 그날까지
당신만을 좋아할 겁니다
세상이 끝나는 그날까지

연인 2

사랑할 줄도 모릅니다
때로는 밉기도 하겠지요
후회도 하게 될 터이니까
다만 함께
두 손 꼬옥 잡고 발걸음 맞춰
오솔길 걸으며 이야기도 하고
연인 같은 사랑 나누고 싶습니다
이 같은 소망이 진실한 사랑이라 한다면
언제 언제까지나
당신만을 사랑할 겁니다
세상이 끝나는 그날까지
내 영혼 머무를 그곳까지

소년의 마음

섬광이 아롱지는 자유의 품으로
날아간다 할지라도
나 그대 뒷모습에
영원의 진리가 숨 쉬어지기를 비는
소년의 마음인 것을
오월의 한 잎 푸르름 되어
어쩔 수 없이 달래는 습성인 양
그대 이별의 노래 부르리라

자유를 찾으려는 몸부림인가
들가의 이름 모를 잡초여
굳은 믿음이여
저 푸른 언덕 넘어 아롱지어가는
나래의 한 점 빛방울
바라보며
그대 품에 행복의 신이
숨 쉬어주기를 비는
소년의 마음

열정

푸르른 사월의 짙음이
나래를 편다
힘차게 뿌려지는 빛방울
네 나래 밑에 단잠을 청한다
봄도 가고 여름이 지나
호반의 푸름이 짙어지노라면
휘파람에 날리는 낙엽인 것을
아 그러나
그대는 끝없는 푸름인가
뜯어도 뜯어도 돋아나는
춘원의 초립이어라

영롱한 햇살

세월이 잠시 내 곁에 머물던 시절
시간을 붙잡고 놀자 했던 꿈
영원히 머물러 있어줄 것만 같았던
청춘의 덫
한나절 열기 삼키며
빛가에 걸터앉아 노래 부르는데
찬바람이 어깨에 걸터앉은 사이
어느덧 발치엔 낙엽 쌓이고
이제는 가야 할 길 가슴에 담으며
낙엽 사이로 흐르는 샘물 앞에 앉아
맑고 영롱한 햇살이 되어
또 하나의 세월이 노는 것을 보았다

오월의 아침

이 불효자 웁니다
솟구치는 오월의 한
하염없는 샘물만 솟구치는데
임은 가고 없는 빈터엔
잡초만 무성히 자라
풀벌레 가득히 속삭이고
삭막한 한풍의 계절이 되어
심산에 뜨거움만 울컥울컥
용암 되어 솟아오릅니다

오월의 이별

아 그때가 생각난다
개구쟁이 삼 형제 틈새에 끼어
손은 갈퀴가 되고 발은 돌덩이가 되신
치마 대신 몸뻬로 이십 청춘 버리시고
당신은 그러셨지요
혹여나 힘드시면
둘째 놈 종아리 걷으라
영문도 모른 채 눈물만 뚝뚝
용서 빌었지요
뼈다귀만 앙상히 휘청이는데
와락 끌어안고 목 놓아 우셨지요
그립습니다 어머님
보고 싶습니다 엄마
가슴은 터질 듯 쏟아지는데
오월 어린이의 달
나는 어쩌면 좋단 말입니까

이별 1

뒤돌아보지 말아요
당신을 잡을까 무서워요
가슴이 아파요
발걸음 무거워 떼지 못하는 당신
바라볼 수밖에 없는
내 마음 아파요
잘 가요
울지 말아요
행복해야 해요
당신이 남겨주고 간 사랑
영원히 간직하고
나 당신 행복하기를 빌 거예요

이별 2

앞만 보고 걸어요
뒤돌아보지 말아요
당신을 보내야만 하는
내 마음 아파요
눈물이 흘러요
발걸음 무거워 걷지 못하는 당신
붙잡을까 두려워요
울지 말아요
잘 가요
행복해야 해요
우리 사랑 내 영혼 다하는 그날까지
당신만을 가슴에 담고 살 거예요

임의 너울

당신은 가셨습니다
아주 저 옛날
아무도 가지 않는
머나먼 길을
외로움을 한 아름 안으시고 홀로 아주 멀리
떠나셨습니다
영원히 돌아올 수 없는 여정
당신은 꽃다운 청춘에
잘 커다오 잘 가셔요
당부 한마디 못한 채
아주 멀리 떠나시고 말았습니다
졸망졸망 한참 보듬어주어야 할
개구쟁이들은 가슴 치며 발을 동동 구르며
울부짖는데
당신은 그렇게 떠나시고 말았습니다
떠나신 임 그리워 가슴 친 세월
임의 빈자리가 너무 커서
삭풍만 가슴을 에게 하는 세월
어느새 개구쟁이들은 커서

임이 남겨주시고 가신 정을 안고
쉬고 싶다 입버릇인데
임이 떠나시던 하얀 너울은
어쩌면 지금도 같이 살자 합니다

입추

햇살 뜨거워
찬바람 그늘 찾던 어제
짙게 짜증이 나던
길고 긴 시간
어느샌가 바람 한 점
곁에 머무는 사이
세월이라는 한기에 걱정을 하며
이국의 절기에 적응하려 애쓰지만
쉽사리 열리지 않는
문틈에 끼어
한나절 햇빛 한 아름 가슴에 안고는
뜨겁던 가슴 식을까 감싸 안는다…

지금 나는 어디쯤에서
기다리고 있는 걸까

지금 나는 어디쯤에서 기다리고 있는 걸까
하루는 24시간
일 년은 365일 8760시간
짐승은 빛이 숨으면 보금자리를 찾고
해가 솟아오르면 하루의 삶을 움츠리는
그러다 보면 시간의 틀 속에서
돌고 도는 삶

나이를 먹고 피부가 느려지고 뼈가 녹듯
쑤시는 하루하루
혈육들이 하나둘 쉴 틈 없이
앞을 가리는 삶

아!
인생이었구나 삶이었구나
길고 긴 여정의 모질고 질긴 운명
저 옛날 아주 저 옛날
주님이 찾아오시고

믿음을 가르쳐주셨던 정릉 골짜기
북한산 자락 반석 위
하느님이 에덴이라며 네 고향이라며
보여주셨던 나의 동산 나의 고향

그리워진다 나의 고향 나의 가야 할 곳
이제는 그곳에 쉬고 싶은
늙고 녹아버린 영혼의 숨결
그토록 그리워하고 보고 싶어 몸부림쳤던

아!
나는 지금
어디쯤에서 기다리고 있는 걸까

짐돌푸강

저만치 파아란 하늘
맑고 아롱진 햇살에
붉게 타오르는 산과 들
이따금 한 아름 불어오는
짙은 바람결에 날리는 낙엽
햇볕에 반사되어 황홀한 조화
파랑 노랑 빨강 자줏빛 금빛
색조가 어우러져 흐르는 강
짐돌푸강

짐돌푸의 시월

대지의 장관입니다
대지가 타고 있습니다
천지가 화염에 싸였습니다
소방관들의 행렬이 이어집니다
넓게 뚫린 길 너머 그 장관
앞을 다투는 행렬
대지가 타고 있습니다
그것은 불바다입니다
석양이 피어오르는 연출의 장관
예술이 있고 시가 있는
시월의 아름다움입니다
가을입니다
짐돌푸의 단풍입니다

짐돌푸의 풍경

산이 보인다
낮은 산 구릉 산 높은 산
수림은 우거져 천년 인적 끊긴 듯
이따금 이름 모를
울음소리만 새어 나온다
짙게 물든 오색 빛깔
대지는 붉게 타오르는 불꽃의 축제
만개한 대지의 풍경화
가을입니다
만추의 짐돌푸 풍경입니다

창조 1

셋째 날 창조였습니다
깊고 깊음을 간직했던 꿈
세상은 모두 내 것인 양
창조의 기쁨을 이루고
참되고 진실된 세상의 상품으로
가꾸고 다듬어 예술 이루고
우리는 그 그늘에 숨어 살자 했지요

창조 2

나는 보았다
분명 거기에
신은 계셨다
천지를 창조하신 주인
당신을 닮은
생명의 주권을 주시고
미래를 잇게 하는
능력을 주셨다
저 멀리 가까이
바다와 육지가 하나 되어
해산의 고통을 토해내는
태초의 신비를

Belize의 카리브 해변에서

창조의 뜻

물입니다
뭍입니다
궁창입니다
태양입니다
거기에서 생명이 태어났습니다
아담이 태어났고
하와가 태어났습니다
벗고 있어도 부끄럽지 않던
하나님의 형상입니다
천국입니다
잉태하고 해산하는
어머님입니다
평화가 있습니다
자유가 있고 웃음이 있습니다
축복입니다
이것이 창조의 뜻입니다
본향입니다

창조의 비밀

나는 보았다
창조의 신비를
생명이 잉태되는 기쁨
사랑이 시작되던 늪
비밀이 깊게 담긴
파랗다 못해 검푸른
누가 여인의 아름다움을
말할 수 있을까
생명을 이어주는 끈
영원으로의 행진

Belize의 카리브 해변에서

청춘의 덫

꽃이 핍니다
향기를 품습니다
꿈입니다
욕망이 있고 목적이 있습니다
젊음입니다
모두가 바라고 고뇌하며
웃기도 하고 울기도 하는
청춘의 덫입니다

탄신 1

발길마저 끊긴 깊은 숲

베들레헴 작은 마을

별빛 초롱초롱

눈망울만 깜박이고

달빛마저 부끄러워

숨을 죽이고 숨었는데

세상은 잠에 들어 고요한 밤

인적마저 끊긴 서늘한 밤

강보에 싸놓은 작은 구유

영롱한 눈빛 하나 가득

엄마 눈에 가득히 담기어라

탄신 2

베들레헴 작은 고을

발길마저 끊긴 고요한 밤

임은 마구간 구유에 누웠습니다

달빛은 술에 취해 비틀거리고

별빛만 초롱초롱

반짝입니다

동양의 이교도 송영을 드리는데

감췄던 내 민족은 간 곳이 없고

임은 홀로 엄마 품에

새곤새곤 잠에 듭니다

터키 아저씨

외인부대 개울가
c-레이션 상자 가득가득
하나둘 포개고 쌓아
집을 지었지
빈 상자 깔고 누웠는데
코 큰 아저씨 덮을 것 입을 것
가져다주시고는
때가 되면 따듯한 음식 먹여주시고
놀아주고 안아주고 재워주시던
보호자라며 지켜주시던 분
그분은 이름 모를 터키 아저씨
짧은 날 깊은 정 다 쏟으시고
무거운 발걸음 이별이라
뒤만 돌아보셨지

1951년 초가을경, 경기 운천 근처에서

파도를 타야 한다

울음이 터지던 날
인생은 파도를 타기 시작했다
파도에 밀리어 오르락내리락
하루의 삶이 어쩔 수 없이
사랑은 더더욱 곡선을 그린다
정마저 올라갔다 내려갔다
춤을 추며 뱃전에 부서진다
울었다 웃었다
평행선을 그릴 수 없고
다만 평행선에 접근하려 애쓸 뿐
한평생 흔들림에 얹히어
밀려갔다 밀려오는 노을
황금빛 부서지는 진주알을 밟으며
익어가는 깊은 고랑만
파고 있을 뿐이다
기쁨과 외로움의 여정 속에서
기약 없는 침묵을 위해
약속인 양 파도를 타야 한다

파란 마음 1

마음이 파래집니다
미래를 꿈꾸는 소년도 아닌
널려놓았던 헝클어진 물건
하나 둘 셋
정돈하고 버리고 다듬어
물려주어야 할 윤회의 틀
아직도
꿈은 파란 공간에 머물러
미래를 간직한 소년이랍니다

파란 마음 2

마음이 파래집니다
남국의 잔잔한 해수처럼
깊으면서도 얕게 비치는
푸르다 못해 진녹색 물감 뿌려놓은
수많은 생명을 품고
잉태하는 신비의 공간으로
끝없이 이어지는 끈
이 작은 가슴 파랗게
물들어갑니다

파란 하늘 1

하늘이 파랗습니다
고향에서 본 하늘입니다
구름 한 점 없는 동양화
가득히 담긴 호수
파아란 물감 풀어놓은
맑고 아련한 애수의 빛이랍니다

파란 하늘 2

하늘이 파랗습니다
맑고 강렬한 햇살입니다
이따금 솜털 뭉게구름 밀려와
호반에 머무는 사이
실바람 살포시 내 품에 잠듭니다

파랑새

끝없이 펼쳐진 공간에
빨려드는 내 마음은 풍선
깊이 담긴 동공에
애수의 찬란한 빛방울
대지를 적신다

무한의 진리가 담긴 곳
내 마음 파랑새 되어
끝없는 벌판을 난다

천지는 희망의 빛으로 물들고
만삭이 된 여인의 자만인 양
부풀어 터질 듯 펼쳐진 산과 들
한 마리 파랑새 되어
창공을 난다

푸른 싹

마음이 파래집니다
구름 한 점 없는 하늘
차가움이 가득 찬 햇살
피부를 감싸 안는 따듯함
끝없이 파란 공간처럼
푸른 공허로 채워진 마음
모습은 시들어가는 초립인데
생명은 푸름에 얹히려 합니다

피셔 공원 잔디

목이 타 할딱이다가
쓰러져 목숨마저 빼앗긴
곱디곱던 너
피셔 공원의 나래여
영영 다시는 못 볼 것만 같았던
파랗게 깔아놓았던 카펫
어느새 파란 생명
힘찬 노래의 음성이 들리는 듯
너를 밟고 어서 오라 손짓이지만
차마 밟기가 민망스러워
그대 앞에 발걸음 굳어진 채
반가움의 뜨거움만
가슴을 적신다네

필라델피아 1

햇빛도 같다
하늘도 같고
뭉게구름 솜털구름 안개구름
하늘엔 새들이 날고
맑았다 흐렸다 더웠다 서늘하고
자연은 여기나 거기나 매한가지인데
인종만 모은 전시장이구나

필라델피아 2

길도 같다
사람이 다니는 길
차들이 다니는 길
하늘엔 비행기 날고
사람 사는 모습은 매한가지인데
길고 짧고 크고 작고 희고 검고
인종만 모아둔 전시장이구나

필라델피아 3

인적이 끊긴 초야
적막이 드리운 복잡하던 거리
이따금 자동차의 울부짖는
굉음만이 어둠을 부숴놓는다
사고인가
죽음인가
불이 솟았는가
귀청아 찢어져라
들창아 깨져라
구급차의 울부짖는 애절함
경찰차의 노한 추격의 소리
소방차의 묵직한 굉음은
어쩌면
빈민가의 단면인 양
오늘도 어김없이 울고 간다

한 방울 물

가슴은 온통 싸움뿐인데
세월은 밀림에 묻혀
맥박만 공압에 허덕인다
대지엔 삶이 존재하지 않는
무미한 생물뿐인 것을
제아무리 강인한 생명이라 할지라도
한 방울 없어질 물인 것을

함께 더불어

떠오르는 지평선 멀리 태양은
변치 않는 공평과 진리의 품으로
우리 함께 더불어
위하며 살자고
세상에 태어날 때의 모습으로 돌아가
자유가 있고 평화와 진리가 있는
믿음과 소망과 사랑이 가득한
고향에 살려 합니다

헤엄치는 제비

파아란 풍경의 호반
황홀히 타오르는 눈동자
태양은 대지를 녹이고 있다
풍요의 꿈을 심어주는
공평한 시선으로
꺼져가는 등불에
불을 붙여준다
방향 잃은 선풍에
팔락이는 라일락 숲 사이를
헤엄치는 제비
닫힌 문을 열어놓고 간다

회복

싸움이 있습니다
죽음이 있습니다
이별이 있습니다
만남이 있습니다
고독이 있고 눈물이 있습니다
희생이 있습니다
구세주입니다
믿음이 있습니다
시가 있습니다
벗고 있어도 부끄럽지 않던
본심을 찾으려는 몸부림입니다
구원입니다
회복입니다
창세로 돌아가려는 몸부림입니다
사랑이 있고 정이 있는
창조의 깊고 높은
인간의 고향 말입니다

흐르는 강물처럼

흐르는 물처럼 흘러가고 싶다
바위에 부딪혀 찢기고
낭떠러지로 떨어져
산산이 부서지는
아픔이 따른다 할지라도
수많은 생명을 품고
키우는 어머님의 가슴처럼
길고 질긴 어진 인고의 습성으로
흘러가는 강물처럼
흘러가는 세월 속에
영원히 이어지는 끈이 되어
아픔을 생명인 양 인내하며
흐르는 물처럼 흘러가고 싶다